AF542873

LES ORATEURS

DES

RÉUNIONS PUBLIQUES

PARIS. — IMPRIMERIE TOWN ET VOSSEN, RUE D'ABOUKIR, 9.

LES ORATEURS

DES

RÉUNIONS PUBLIQUES

DE PARIS EN 1869

Compte-rendu des séances publiques

PUBLIÉ PAR

LOUIS-ALBERT

Avec le concours d'une société de citoyens communistes et socialistes
HABITUÉS DES ASSEMBLÉES POPULAIRES

> La vérité, rien que la vérité,
> mais toute la vérité.

SOMMAIRE

Préface. — Ce que nous sommes et ce que nous voulons.
Chapitre Ier. — Les réunions publiques, par E. Chemalé
Chapitre II. — Biographie du citoyen Briosne, par Gaillard fils.
Chapitre III — Biographie du citoyen Félix Ducasse.
Chapitre IV. — Biographie de la citoyenne Paule Mink, par Gaillard fils.
Chapitre V. — Déclaration sur l'hérédité, par les citoyens Lefrançais, Fribourg, Briosne et Sicard.
Chapitre VI. — Discours prononcés dans les réunions publiques,

PAR LES CITOYENS

Amouroux, Budaille, Briosne, Bologne, Bachelery, Chauvière, Cantagrel, Ducasse, Flourens, Gaillard, Horn, Peyrouton, Pellerin,
et autres orateurs populaires de Paris.

EN VENTE

GHEZ TOUS LES LIBRAIRES, ET A LA PORTE DE TOUTES LES RÉUNIONS PUBLIQUES.

PRÉFACE

C'est pour en finir, une fois pour toutes, avec les invectives et les injures dont MM. les journalistes accablent chaque jour les orateurs des réunions publiques de Paris, que nous venons publier le compte-rendu des séances populaires, afin de donner un démenti à nos ennemis, qui ne se lassent pas de nous dénoncer comme des fauteurs de désordres, ou comme des fous bons à surveiller!!!

D'excellents orateurs se font entendre chaque soir dans les réunions publiques ; ils sont approuvés par une multitude de citoyens, qui oublient la fatigue d'une journée d'un travail pénible en se mêlant aux généreux élans d'une société nouvelle qui veut jouir de ses droits de citoyen.

Nous ne professons pas le jésuitisme, et, fiers de nos opinions progressives, nous ne craignons pas de les publier. *Tout au grand jour!* voilà notre devise, et loin de nous l'axiome : Que toute vérité n'est pas bonne à dire. La prison est, hélas trop souvent une conséquence de cette franchise, mais nous voulons nous instruire par la vérité; et c'est dans ce but, et afin de nous faire bien connaître, que nous donnons ici le résultat de nos travaux !

Nous sommes des membres de la classe souffrante qui tiennent fermement le drapeau de l'égalité et de la fraternité, le seul qui nous donnera la véritable liberté.

Communistes ou socialistes, nous nous unissons, pour proclamer que toutes ces questions mises à l'ordre du jour dans les réunions publiques de Paris, sont essentiellement liées entre elles, et que de leur solution dépend notre bonheur, c'est-à-dire la révolution sociale ! ! !

Paris, le 2 avril 1869.

LOUIS-ALBERT, GEOFFROY, REYMONDON, BOURGOGNE, ALLEZ, BEMONT, ECOFFET, JOLY, DÉSIRÉ, DUBOIS, etc., etc.

LES RÉUNIONS PUBLIQUES DE PARIS

PAR EUGÈNE CHEMALÉ

Deux mille citoyens, c'est le chiffre consacré, envahissent, une heure avant la séance, la salle, ordinairement exiguë et mal appropriée à la destination nouvelle.

On y rencontre des revenants des deux mondes, des îles et des colonies, des hommes anciens, des hommes nouveaux.

Les conversations s'engagent, et roulent bien plus sur les événements présents ou futurs que sur la question à l'ordre du jour.

Les vieux parlent de leurs souvenirs, les jeunes de leurs espérances, et le bourdonnement va crescendo jusqu'au moment où retentit le bruit de l'indispensable sonnette.

L'assemblée va élire son président. Vingt-cinq ou trente voix lancent aux échos deux ou trois noms; la sonnette s'agite de nouveau, et le premier qui lève la main, désireux d'entraîner la foule et de rallier tous les suffrages à son opinion, s'écrie, en agitant les bras : « Tous! tous! tous! »

L'assemblée répond à cet appel avec une touchante unanimité; la proclamation de l'élu se fait aux applaudissements des électeurs, et le répertoire des présidents s'enrichit d'un nouveau nom.

Le président remercie, et l'on arrive aux discussions.

En voici d'autres qui s'agitent sans cesse, interpellent l'orateur, et manifestent leur opinion par les cris : Assez! Oui! Non! Parlez! A la porte! etc.

D'autres enfin, et c'est la presque totalité, écoutent silencieusement, et ne se départissent de cette attitude que lorsque l'orateur prononce quelques-uns de ces mots qui ont toujours le pouvoir d'agiter les foules.

La liberté soulève dans ces réunions populaires des flots d'enthousiasme et de poussière ; les mains battent; les chapeaux s'agitent ; les interjections énergiques partent de tous côtés, et la sonnette ne réussit pas toujours à dominer cette explosion d'un instant.

D'autres fois, c'est le contraire qui se produit : un mot mal sonnant horripile l'assemblée, et des épithètes plus ou moins parlementaires s'échappent de la foule et témoignent de ses sentiments.

Pendant ces interruptions, le président, debout, la main sur la sonnette, sonde du regard la profondeur de la salle, le commissaire de police ajuste sa ceinture, le sténographe se mouche ou baille, et l'orateur avale lentement le verre d'eau largement édolcurée que lui verse l'un des assesseurs.

D'autres fois encore, une partie de l'assemblée

se lève, et cherche des yeux un monsieur quelconque, auquel elle crie sans le voir : C'est un mouchard ! A la porte !...

Enfin le calme se rétablit ; la discussion reprend son cours, et la soirée se termine par une lecture qui apprend aux assistants que huit ou dix soirées semblables auront lieu dans la semaine, et qu'il est de leur devoir de n'en pas manquer une seule !

Après les interruptions, rien de plus curieux que les motions d'ordre : c'est une spécialité cultivée avec soin par ceux qui sont familiarisés avec les mœurs particulières de chaque réunion.

Enfin la foule s'écoule lentement ; la moitié à peine a franchi le seuil, que déjà les bancs sont enlevés, le bureau bouleversé ; cette tribune d'où partaient, il n'y a qu'un instant, d'énergiques ovations à la liberté, est rapidement transformée en orchestre. On dansera demain dans la salle.

(*Peuple.*)

Lith Destouches

LE CITOYEN BRIOSNE

Biographie satirique par GAILLARD fils

Le citoyen Briosne est ce qu'on pourrait appeler, dans toute l'acception du mot, un orateur profond.

Nous devons à la vérité d'ajouter que sa dialectique apparente est une logique vague, diffuse et sophistique.

C'est assurément en raison de cela que jusqu'à cette heure elle n'avait point paru délictueuse.

Toutefois son élocution est en quelque sorte facile; sa parole imagée, violente; son geste saccadé, tragique. L'interruption fait sur lui l'effet du marteau aimanté sur le timbre électrique et du briquet sur le caillou.

La première fois qu'à la tribune on l'aperçoit dans cette pose théâtrale qui lui est familière (celle où nous le représentons), on se demande si le personnage qu'on a devant les yeux, noir et sombre, pâle et mélancolique, ne se trouve point à pour déclamer une fulminante tirade
ou d'*Hamlet*.

On se demande ensuite s'il faut prendre la pose et le personnage au sérieux, puis on s'y habitue.

On reconnaît que l'homme, assez habile du reste, est de bonne foi ; que son indignation véhémente et douloureuse est sans doute sincère ; que le langage, après tout, dont il se sert n'est point absolument le langage des bagnes ; et, de cette réaction dans l'esprit, il résulte qu'on se laisse aller peu à peu, sans s'en apercevoir, à une certaine satisfaction.

On s'imagine alors naïvement comprendre, on écoute des deux oreilles, on est ému !

Mais le discours malencontreux s'allonge,

s'étire ; une nouvelle réaction s'opère, dont l'effet se traduit d'ordinaire par des velléités de bouche qu'on ne cherche pas à réprimer.

En vain on se souvient qu'une décision a été rendue (celle du quart-d'heure), le sauvage tribun continue de plus belle, et termine souvent au bout d'une heure, sinon deux, au milieu de la lassitude et des applaudissements généraux ! *Desinit in piscem.*

Par intervalle, un incident de quelque fmportance, fait personnel ou autre, vient faire agréablement diversion... Alors, le geste sec, la voix vibrante, le tribun fait retentir la salle des éclats de sa fougue. Rarement son ton est gracieux, caustique, insinuant, mais il est pathétique.

Quant au système auquel il appartient, il l'ignore lui-même : ou mieux, il ne veut être et n'est d'aucune école : ce qui impliquerait assez qu'il fut de toutes.

Il marche seul à son inspiration, à son point de vue, à sa manière enfin; qu'on lui prouve qu'il erre, et il promet d'en tenir compte.

Jusque-là il demeurera lui; du moins il croit l'être.

Cependant, comme il n'a pas assez de génie pour doter à son tour le monde d'un système social entièrement nouveau, il en découle que, sans lui faire injure, on peut dire qu'il est peu facile à définir.

Pour nous, tout en avouant que c'est au-dessus de notre conception et de notre expérience, nous dirons franchement qu'il nous a toujours paru se placer, par l'ensemble et le fond de ses théories, oui et non subversives, entre le système de Cabet et celui de Proud'hon, Fourrier compris.

On dit communément que le juste milieu est la pierre philosophale... Y serait-il???

(*Orateurs des Clubs.*)

FÉLIX DUCASSE.

Soyons les dignes apôtres de Robespierre et de Marat en enseignant les immortels principes de 1793

LE CITOYEN FÉLIX DUCASSE

Le citoyen Ducasse vient de monter à la tribune; des applaudissements prolongés, enthousiastes, accueillent son apparition foudroyante, aussi rapide que l'exécution magique des ordres d'Eole ! ! ! A première vue, son aspect épouvante, et l'on dirait d'un justicier.

Il a la tête énorme, osseuse, le front mobile et contracté, droit, large et haut, proportionnellement aux traits inférieurs; le sourcil fort, le nez petit, la face large, l'œil rond, très gros, irrégulier, et dont la prunelle dilatée, comme noyée dans la vapeur par la lumière de la salle, lance de fulminants éclairs ; la bouche étroite, surmontée d'une moustache en brosse, dont les extrémités tombent en lignes verticales, se reliant à une barbe large, épaisse, peignée avec soin, partagée au bas du menton, et se reliant elle-même à une chevelure plantureuse, à mèches longues et extravagantes, dont la couleur, d'un rouge peu commun, contraste singulièrement avec la pâleur blafarde du visage.

Il est petit, chétif; son corps paraît en désaccord complet avec l'énergie toute virile de sa tête.

Sa poitrine est étroite, comme ses épaules, qu'élargit à propos un carrick aux grands plis, dissimulant l'étroitesse des autres membres.

Ducasse a formé les réunions publiques de Ménilmontant, en peu de jours fort importantes, mais dissoutes bientôt par des raisons que l'on ignore, et qui se continuent aujourd'hui à Belleville..

Marat est le héros de Ducasse ; il le cite à chaque moment. De taille semblable, il est un point sur lequel Ducasse et Marat se rencontrent : c'est sur la dose plus ou moins forte de fermeté tenace, d'indignation inflexible et amère, de plébéienne et légitime fureur; fureur indispensable à quiconque s'impose la tâche si rude de mettre à nu les visages masqués, les cœurs enveloppés de dissimulation profonde.

A ce point de similitude s'en ajoute encore un autre : celui de n'attaquer que les preuves en mains. Ce n'est point pour lui, selon nous, comme on a pu le dire, qu'il a le cœur rempli de fiel, l'esprit plein de rage et des accusations plein les lèvres. Cette méchanceté acrimonieuse est apparente et non naturelle. Du reste, le citoyen Ducasse est un Robespierriste ardent, un communiste autoritaire ; il connaît à fond la révolution de 1793, et aime avec ferveur cette date sublime.

(*Orateurs des Clubs.*)

(Biographie satyrique, par GAILLARD fils.)

LA CITOYENNE PAULE MINK

L'orateur dont nous essayons aujourd'hui d'esquisser le profil est une femme, et rien de plus : pourquoi donc dire que Mme Paüle Mink est une virago ?

Elle n'a assurément ni la taille ni l'air d'un homme ; ses traits sont accentués, voilà tout !...

Elle a la hardiesse de braver les préjugés mesquins, hautement, avec énergie, et en public.

Pour la première fois, dans une question brûlante, concernant essentiellement ce sexe décrié dont elle revendique opiniâtrement pour les autres la réhabilitation immédiate, et pour elle la qualité propre qu'on lui dénie, question débattue au Vauxhall, Mme Mink demanda la parolo et s'en servit sans défectuosité.

Ce fut là qu'elle essaya ses forces, qu'elle perdit, fur à mesure, cette émotion peureuse qui saisit tout d'abord, à peu d'exceptions près, celui ou celle qui, devant un public, surtout difficile et nombreux, vient exprimer de vive voix ce qu'il pense ou ce qu'il veut dire, ce qui n'est point alors la même chose.

Mme Mink est de taille moyenne, plutôt petite; les épaules arrondies, sont inégales ; la démarche penchée, l'allure sobre de gestes.

La peau est brune, le front grand, carré ; le regard railleur d'ordinaire est mélancolique à la tribune.

La bouche est sèche, ayant au cou un plissement boudeur ; le nez long, fortement aquilin, les narines dilatées ; la voix, ni bien timbrée, ni bien argentine, comme plaintive à l'occasion, est remarquablement féminine ; le visage ovale , plein, est doucement estompé dans le bas, énergiquement en haut; les pommettes sont fortes, le teint pâle et les yeux comme entourés d'ombres, alors que, debout, les bras pendants, l'oratrice s'avance, les deux mains appuyées sur le tapis de la table afin de remplacer un orateur.

Quant à son talent relatif, la science lui fait complètement défaut.

Sa phraséologie amère et subversive est particulière à sa complexion et à son esprit, lequel est à prétention si l'on veut.

A-t-elle un système social, un moyen radicalement applicable? La négative est admissible.

Mme Mink a, dans les réunions publiques de Paris, un nombre d'amis, sinon de partisans très restreint.

C'est parmi les femmes surtout que cette restriction est capitale.

Est-ce jalousie de leur part, animosité pour sa hardiesse, sa façon d'envisager les choses et ce qui concerne les femmes elles-mêmes? Nous ne le pensons pas. Peut-être serait-ce faire une injure trop grande et trop peu méritée.

C'est parce qu'elle est femme !

Voilà, ce nous semble, le portrait de cette étrange virago, puisque le mot a été dit.

(*Orateurs des Clubs.*)

(Biographie satirique par GAILLARD fils.)

L'HÉRÉDITÉ

La réunion du Pré-aux-Clercs, dans sa séance du 19 janvier 1869, a entendu les résolutions suivantes :

« Considérant

« Que la propriété individuelle a pour conséquence forcée d'abandonner le droit des générations futures au seul caprice de volontés particulières, et porte une atteinte formelle au principe d'égalité proclamé par la Révolution française ;

« Attendu que l'hérédité, prolongation de la propriété individuelle, sanctionne en continuant un état de choses contraire à la justice :

« Déclare qu'il n'y a lieu de modifier les lois actuelles sur l'hérédité, mais de rechercher les moyens de la supprimer et de substituer la propriété collective à la propriété individuelle..

« Signé : G. LEFRANÇAIS. »

L'assemblée ferme la discussion sur l'hérédité et approuve les déclarations suivantes :

I. L'hérédité est un effet qui a pour cause l'accumulation de la richesse en quelques mains. En modifiant les lois qui la concernent, on changerait la manière de transmettre la richesse sans détruire le fait même de sa transmission.

II. L'accumulation de la richesse est un fait légal qui constitue un état d'infériorité pour ceux qui ne possèdent pas, et de supériorité pour les possesseurs ; son accumulation entre les mains de l'État serait contraire à la liberté et à l'initiative des producteurs.

On ne sortira de cette alternative que par une transformation de la propriété qui lui restituera son véritable caractère d'instruments de production, possédés par ceux-là qui, seuls ou associés, les mettent en œuvre par leur travail, et qui supprimera, de fait, tous les privilèges qui résultent de son accumulation en des mains impuissantes à s'en servir elles-mêmes.

III. Cette transformation ne pourra s'effectuer que par une liquidation générale des situations existantes.

IV. Cette liquidation, ou rachat de l'outillage social par ceux qui sont salariés, ne pourra se faire à l'amiable que par la suppression de l'article 291 du Code pénal, qui permettra aux travailleurs de s'associer et de constituer une force égale au capital accumulé, lorsque le moment viendra de discuter les conditions du rachat.

Alors seulement régnera la justice dans les rapports sociaux et l'harmonie économique dans la production.

Signé :

BRIOSNE, FRIBOURG, SICARD.

Opinion des divers orateurs des réunions publiques sur les députés de Paris.

RÉUNION PUBLIQUE DU 31 JANVIER

SALLE DE LA JEUNE GAULE

Le citoyen Budaille :

Citoyens et citoyennes,

Je viens vous signaler un fait grave ! Depuis longtemps nos réunions publiques sont attaquées par les députés que nous avons envoyé à la chambre ; lors de l'attaque des réunions, Garnier Pagès a dit : « Nous verrons qui les paie ! Ceux qui « vont les écouter sont des niais. » Eh bien ! nous devons protester énergiquement, et déclarer hautement que Garnier-Pagès en a menti ! ! ! Nos députés vont faire, dans la salle Valentino, de beaux discours pour lesquels ils se font payer ! M. Jules Favre, entre autres ! C'est avec ces belles paroles qu'ils savent nous séduire si nous n'y prenons pas garde, aux prochaines élections nous serons encore bornés! Malgré la répugnance que j'éprouve à remuer certaines choses, la nécessité m'oblige à en parler.

Il y a des écrivains qui ont pris à tâche de défigurer tout ce que nous disons; méfions-nous de ces gens payés par qui veut les acheter. Les élections approchent, soyons avertis !

Le citoyen Ducasse :

Citoyens,

Vous avez entendu parler des fusils et des canons de Mentana ; eh bien ? ces fusils et ces canons étaient chargés par celui que vous connaissez, instigateur des journées de juin. Oui ! cet homme est couvert du sang des victimes de cette époque. C'est dans le faubourg où nous sommes aujourd'hui que le peuple se souleva pour recouvrer ses droits et son indépendance, et fut renversé dans la boue sanglante par des assassins inconnus à la solde de Cavaignac.

Eh bien ! c'est un de ces hommes qui, sous un régime nouveau, a tourné casaque et nous couvre de sa bave immonde !

Voyez-vous, citoyens, il y a de prétendus journaux libéraux, comme le *Siècle*, qui caressent d'une main le peuple, et de l'autre lui enfoncent le poignard !

Vous avez lu, il y a quelques jours, l'article de *la Cloche*, de Louis Ulbach, qui attaquait nos réunions ? Eh bien ! ce rédacteur du *Diable à Quatre* vient nous faire des excuses !

Quand je dévoilais devant vous les turpitudes des faux républicains, je ne pensais pas que certains hommes, nommés et envoyés par nous pour exposer les besoins du peuple, consentissent à nous jeter la pierre les premiers.

Je les connaissais faux et tartufes, mais je les espérais moins corrompus.

Un député s'est rencontré qui, ramassant toutes les calomnies répandues par une presse infâme a dit : « Nous verrons qui les paie ! »

Mais c'est nous qui vous payons ! c'est notre budget qui vous paie, valets que vous êtes !

Aussi, au nom du peuple qui vous avait confié ses pouvoirs, nous vous disons : « C'est nous qui vous payons: donc vous êtes nos domestiques! Vous nous avez volé : nous vous donnons vos huit jours ; oui, nous vous chassons ! »

Cet homme a menti ! il a été ingrat envers ses bienfaiteurs, il a mordu la main qui le nourrissait. Oui, l'assassin de juin en a menti, en disant que les réunions publiques étaient stipendiées par la police : dès aujourd'hui, lui et les siens sont des ex députés, car ils ne sont plus les nôtres.

Que ceux qui sont d'avis d'adopter cette déclaration lèvent la main.

(L'assemblée entière accepte cette protestation.)

Le citoyen CHAUVIÈRE :

Citoyens,

En 1789, il y avait déjà des traîtres au dedans, des ennemis à l'extérieur.

Oui, il y avait les traîtres appelés Girondins, qui, comme nos députés d'aujourd'hui, trahissaient en se tournant contre le peuple. Ils vendaient le mandat qui leur était confié ; ces assassins avaient payé Charlotte Corday pour assassiner Marat. Ah ! Girondins, quel crime vous avez commis !

Nos députés apprendront sous peu comment nous répondrons à leurs calomnies !

Nous en avons assez de tous ceux qui nous oppriment !

Nous en savons assez sur votre compte, entendez-vous ! nous sommes honteux; mais nous voulons nous élever, et nous nous rendrons grands tout seuls !

Citoyens, rappelez-vous que ces gens viendront vous tendre la main un jour, quand ils seront vaincus; mais pas d'amitié avec les oppresseurs !

Le citoyen DOUDAIN :

Citoyens,

Je viens répondre aux attaques d'un journal qui n'est que trop répandu, et qui s'appelle le *Siècle*, cette feuille qui se dit libérale.

Je demande à l'Assemblée une protestation énergique contre ce journal. (Appuyé.)

RÉUNION PUBLIQUE DU 1er FÉVRIER

SALLE DES FOLIES, A BELLEVILLE

Question à l'ordre du jour : **SALARIAT & PROPRIÉTÉ.**

Le citoyen HORN :

Citoyens,

Je viens vous exposer ce qui s'est passé aujourd'hui au Corps législatif au sujet de la discussion qui devait avoir lieu par suite des interpellations concernant les réunions publiques.

Je m'attendais, et chacun s'attendait de même,

à une bataille rangée ; à peine y eut-il une petite escarmouche.

On croyait que la droite allait demander le retrait de la loi, et que la gauche viendrait attaquer cette loi sur les réunions, en montrant qu'elle est arbitraire et souvent injuste.

Eh bien ! pas du tout, la droite s'est montrée douce ; le ministre a promis qu'à l'avenir on serait d'une sévérité exemplaire.

M. Emile Ollivier a demandé qu'on ne sévît pas, et, par excès de courage, nos députés de la gauche se sont abstenus de prendre part aux débats. Quel stoïcisme !

Le citoyen GAILLARD :

Je monte à la tribune pour flétrir comme elle le mérite la conduite des députés de l'opposition, qui sont traîtres et lâches à leur mandat en ne combattant pas pour le droit populaire. Je demande pour eux le blâme de l'assemblée.

(Adopté à l'unanimité.)

Le citoyen DE BEAUMONT :

Citoyens,

Chaque fois que l'on proclame ici les souffrances que nous endurons, des applaudissements partent de tous côtés : c'est que nous éprouvons de très-grandes souffrances, et ces applaudissements signifient que nous sommes fatigués de souffrir, et que nous sommes pressés d'en finir.

Je sais bien que l'on craint les hommes du peuple qui s'occupent de leurs intérêts ; on aime mieux les abâtardir par l'esclavage, afin qu'ils ne s'occupent pas de la chose publique.

Nous pataugeons, nous dit-on ; ce n'est pas difficile à comprendre : nous le devons à l'oppression que nous subissons depuis longues années.

On demande qui nous sommes ; je vais vous le dire.

Nous sommes le peuple, et nous venons jeter à la face des riches les iniquités qu'ils commettent tous les jours.

Le temps est proche où les travailleurs sauront faire leurs affaires eux-mêmes, et supprimer l'égoïsme actuel qui porte tout homme ayant trouvé à sa naissance ou volé de quoi vivre à manger tout seul dans un coin, sans s'occuper si les autres meurent de misère.

Le seul principe dont je suis partisan est le principe collectiviste; la propriété individuelle du sol est incompatible avec la société nouvelle ; elle doit cesser d'être légitime et doit diparaître : qu'on essaie donc !

La société est gravement malade, il faut tacher de la guérir : pour cela, il y a beaucoup à changer : il faudrait commencer par supprimer l'article 291, qui nous empêche de nous réunir librement en association, comme on l'a fait pour la société internationale, en accordant aux citoyens qui en faisaient partie des condamnations à la prison, pour les remercier de leur dévouement à la cause des travailleurs.

Les sociétés de résistance sont nécessaires; elles sont indispensables dans l'état actuel de la société.

Lorsqu'on a sous les yeux, tous les jours, richesse insolente et abusive pour les uns, et misère affreuse pour les travailleurs, n'est-il pas alors permis de s'insurger contre la société qui fait ces lois injustes, et contre ceux qui les exécutent!

Citoyens, ajoute l'orateur, nous voyons la position qui nous est faite: ne la laissons pas à nos enfants; il faut que dans un avenir prochain la société ne soit pas partagée en deux camps: le possesseur et le dépossédé.

Il faut anéantir le parasitisme, et que l'instruction en commun fasse des citoyens: c'est le seul moyen d'arriver à la suppression des iniquités sociales.

Le citoyen Leval :

Nous nous prétendons tous socialistes révolutionnaires : tâchons donc de nous rendre compte en quoi cela consiste. Le socialisme est révolutionnaire comme la grande révolution qui émancipa tous les peuples, en vouant une haine implacable à toutes les infamies.

Le socialisme est le monument révolutionnaire élevé pour dominer fièrement, et non pour plier à la convenance du despotisme et lui servir d'appui.

La situation qui convient au socialisme est une terre libre.

La déclaration des droits de l'homme du 24 juin 1793 disait : que le but de la société était le bonheur commun.

Si toute la richesse commune acquise par la

fraude, passait des mains qui la possèdent dans les mains du peuple, le parasitisme aurait fait son temps ; le peuple naîtrait enfin, pour les plus grands avantages physiques et moraux de l'humanité tout entière. Respectons cette grande révolution de 93, qui d'une main immolait le crime, et de l'autre soutenait le peuple.

Je vous le répète, citoyens, garde à vous ! Et vous, hypocrites qui nous instruisez à regarder le ciel pour pouvoir chercher dans nos poches, nous avons assez d'esclavage : nous voulons être libres, et nous le serons !

Le citoyen Beaufils,

Il constate que la société est basée sur le despotisme et l'arbitraire le plus affreux ; il ne veut pas rechercher ce qu'était la propriété dans le passé : il veut seulement s'occuper de ce qu'elle est aujourd'hui.

La grande propriété amène la misère.

Le trop plein de l'un ne peut exister qu'au détriment de l'autre, de celui qui n'a pas, en lui prenant ce qu'il devrait avoir en bonne justice.

Il est donc temps d'abolir cet état de choses, et de travailler dans l'intérêt des grandes masses et non dans celui de quelques-uns.

Le citoyen Albert MAY :

Les hommes, dans le commencement des âges, ont pris la terre par suites de guerres. Si le capital restait dans les mains des travailleurs, ce serait bien, en effet, du travail aggloméré, mais lorsqu'il est dans les mains d'autrui, c'est un vol !

La propriété devrait appartenir toujours aux travailleurs, et non à ceux qui ne font rien.

La force a créé des riches, la richesse s'est

instruite à dominer les pauvres : de là les patrons et les salariés. L'article 291 empêche de s'occuper sérieusement : il faut chercher à le faire abroger !

RÉUNION PUBLIQUE DU 3 MARS 1869

SALLE DU BOULEVARD ROCHECHOUARD

Question à l'ordre du jour : **TRAVAIL ET CHOMAGE**

LE CITOYEN FERRÉ, PRÉSIDENT.

Le citoyen PETIT :

Citoyens,

Le travail est la base de toute société.

C'est le travail qui nourrit les parasites, tous les fonctionnaires; en un mot, tous les oisifs.

Nous devons nous indigner de ce qu'aujourd'hui l'un ait tout et l'autre rien. Je trouve que dans les réunions pnbliques on a beaucoup discuté, détruit, mais sans rien établir, et j'engage à créer quelque chose de pratique.

Il faut que nous soyons prêts le jour où nous allons jouir de nos droits !

Le citoyen FRIBOURG :

Je ne crois pas que dans l'état actuel des choses il soit possible de faire quelque chose de pratique pour l'ouvrier.

Pourquoi voulons-nous changer?

Parce que nous nous trouvons mal.

Pourquoi veulent-ils tout maintenir?

Parce qu'ils sont bien.

Il faut, pour arriver à un bon changement, faire une révolution morale, et pour cela il faudrait que nos adversaires n'aient pas la force ;

il faudrait que ceux qui ont le pouvoir ne l'aient plus, n'aient plus notre sang !

Actuellement, qu'est-ce que fait le travailleur ? Tout !

Qu'a-t-il ? Juste de quoi ne pas mourir de faim et pouvoir continuer le labeur qui profite à ceux qui s'engraissent de son travail.

Qu'est-ce que nous voulons ? Nous voulons que l'on ait sa part de jouissance comme sa part de travail ; que personne ne vive en parasite, car ce sont les parasites qui tiennent tout.

Ils ne lâcheront que quand on les arrachera !

L'Etat, les grandes administrations, font une concurrence déloyale au travail.

En émettant des rentes, l'État enlève des capitaux qui devraient être ailleurs.

Il faut que l'ouvrier devienne maître du capital !

L'orateur s'indigne de ce que ceux qui ont un excédant de capitaux en profitent pour opprimer les travailleurs.

Et alors on est étonné d'entendre parler de révolution !

Eh ! sans doute, il la faut ; il est évident que le travail touche à la révolution, et tant que le pouvoir sera entre les mains de ceux qui profitent du travail, il est impossible d'établir quelque chose de pratique.

Le travail nourrit les improductifs : je parle ici de l'armée ; car ces soldats font une concurrence au travail libre, parce que leur existence est fournie par ceux qui font une concurrence désastreuse et déloyale.

Alors pourquoi ces choses ?

Comment, nous sommes les maîtres les plus nombreux de la nation ; nous sommes le peuple souverain ! Pourquoi donc ne pas changer la mauvaise organisation sociale actuelle, du sommet à la base?

Car nous n'arriverons à trouver une solution équitable qu'après ce changement.

RÉUNION PUBLIQUE DU 9 JANVIER 1869

SALLE DE LA REDOUTE

Question à l'ordre du jour : **CAPITAL & INTÉRÊT**

Le citoyen GAILLARD :

Citoyens,

J'ai entendu souvent dire qu'il n'y avait pas de moyen d'empêcher que celui qui possède ne soit volé, ou ruiné par certaines circonstances.

Eh bien ! je viens vous indiquer ce remède : il est dans le communisme, qui détruit la propriété individuelle pour établir la propriété collective et indivisible ; aujourd'hui, personne ne peut être assuré de conserver sa fortune.

Dans le communisme, trouvez-moi quelqu'un qui puisse lui voler sa propriété !

La propriété est nationale et appartient à chacun en particulier.

Je sais bien pourquoi l'on ne veut pas du communisme.

C'est qu'il rendrait tout le monde heureux.

La liquidation sociale, après tout, est une pure opération de comptabilité... Croyez-moi, citoyens! le communisme est le seul moyen de guérir la société.

Le citoyen CANTAGREL :

Je ne ferai pas de politique, je ne puis en faire; je fais de l'histoire.

1789 est de l'histoire ; la prise de la Bastille est un fait historique.

Nous avons vu plus récemment 1830 et 1848; mais la société est si étrangement organisée, que nous avons vu souvent la majorité d'un côté et la force de l'autre.

En 1789, en 1830, en 1848, la force était d'un côté et l'opinion publique de l'autre, et la force, lorsqu'elle est arrivée à renverser les pouvoirs d'alors, la force n'a fait que se mettre au service de l'opinion publique.

Et cet emploi de la force a été légitime, et s'il a été légitime, je ne veux pas le condamner.

Et quand l'opinion publique sait bien tout, qu'elle a bien le sentiment que la force que l'on a donnée pour faire respecter le territoire, l'honneur de la patrie n'est employée qu'à empêcher le développement du progrès, l'opinion publique a le droit de secouer un pouvoir abhoré !

Le citoyen LONGUET :

Citoyens,

Comme socialiste, je dois dire qu'il y a bien des choses qui nous séparent des économistes et des communistes.

Les communistes veulent tout mettre en commun, même les femmes. Je ne calomnie pas ceux qui ont cette opinion : pour moi, l'amour libre, c'est la communauté des femmes; je sais bien que des communistes très populaires, Louis Blanc, Cabet, ne professent pas cette doctrine de la communauté des femmes, mais je la trouve dans le plus grand et le plus original de tous, Fourier.

Le citoyen BRIOSNE :

Il faut en finir une bonne fois avec ce vieux

spectre à l'aide duquel on épouvante nos populations !

Vous nous dites : Liquidation sociale, c'est voler dans la poche de son voisin.

Mais si le voisin a quelque chose, je dis qu'il l'a retiré de la poche d'un autre ; la possession de la richesse est un fait social : or tous les faits sociaux dépendent de la volonté de ceux qui en font partie ; ils peuvent modifier les bases du contrat, lorsqu'ils sont écrasés par les capitaux.

La grande lutte du dix-neuvième siècle est commencée, la lutte qui doit réformer et renouveler notre vieille civilisation, elle est commencée ! Finira-t-elle légalement ou par la force ? Je l'ignore, mais nous ne l'abandonnerons que lorsque vous nous aurez couchés dans la tombe !

RÉUNION PUBLIQUE DU 20 FÉVRIER 1869

SALLE DES FOLIES, A BELLEVILLE

Question à l'ordre du jour : **COMMUNISME & SOCIALISME.**

Le citoyen LEVAL :

Nous ne connaissons qu'un communisme : celui de la Révolution; et les Jacobins, qui le servirent avec tant d'héroïsme, préparaient la ruine de la monarchie !

Plus tard, la Montagne ne jetait-elle pas les bases de l'école communiste par ces mots : *Liberté, Egalité, Fraternité !* Tous les Michelet du monde, esprits faux et menteurs, ne viendront pas égarer nos esprits !... Arrière donc, fantaisistes, fourbes impudents ! nous ne voulons plus voir par votre faux jour !

Le peuple parisien se prononce pour les doctrines viriles ! Citoyens, dans la Révolution nous pouvons avoir nos préférences.

Maximilien Robespierre a la mienne !... Ce grand homme avait institué un nouveau culte, celui de la Raison.

Tous les Conventionnels ont pleuré Robespierre ; nous devons bien quelque attention à la voix de ces hommes.

Le citoyen GUIHAR :

J'ai entendu dire à cette tribune que l'homme ne devait pas être responsable de ses actes, et pourtant il y en a un grand nombre qui doivent l'être :

Ceux qui, ayant pour eux la loi et la force, se servent des moyens qu'ils ont entre les mains pour tenir les masses dans l'ignorance, la misère, le despotisme ;

On a tort d'accuser le communisme de porter à l'égoïsme.

Était-ce des égoïstes, ces grands hommes de la Révolution qui sont morts pour avoir soutenu leurs principes? les Robespierre, les Danton, les Saint-Just!

L'orateur regrette les divisions qui se sont glissées dans les assemblées, au sujet de ces grands hommes.

De quel droit, dit-il, les jugeons-nous?

La génération actuelle fera-t-elle ce qu'elles ont fait?

Admirons-les, tàchons de les imiter, et de suivre leurs principes. Continuons leur œuvre, et nous ne terminerons pas tout ce qu'il y a à faire : il en restera encore une part pour nos enfants.

Le citoyen Caria :

Nous crions largesses parce qu'on nous rend

quelques centimes sur les francs que nous avons donnés ! Avec le communisme, nous arriverons à tout. Par exemple, je crois que l'humanité ne peut être émancipée que par la science, mais ce n'est pas par l'enseignement que nous arriverons à ce but : je ne veux pas obliger l'enfant à s'instruire ; je préfère que, la journée faite, mon fils reste chez nous, le soir, près du poële, à causer de décembre.

Qui pourrait dire que lorsque la société est gangrenée, il n'est pas permis de violer les lois !

Pour le moment actuel, je ne veux pas de l'instruction ; mais pour l'avenir, dans la société que nous voulons avoir, c'est autre chose !

Il faudra que nos fils sachent l'histoire, afin de ne pas être ignorants envers le pouvoir qui règne. Justice ! justice ! justice implacable pour ces ennemis de l'égalité qui croient que le fait d'aujourd'hui durera toujours.

Merci ! ça ne serait pas à faire. Justice et égalité, je vous aime ! s'écrie l'orateur, parce que vous m'avez donné la haine et le courage, parce que vous m'avez fait homme et communiste ; mais pour la haine, enseignons-là à nos enfants, afin que sur la meule de l'histoire, et pour la défense de leurs droits, nous leur affutions le bec et nous leur aiguisions les ongles !

Il faut mettre les enfants en garde contre la bourgeoisie, et tout leur apprendre ; ainsi, misérable et exécrable serait celui qui prononcerait le nom de Cavaignac sans maudire ce nom.

Cavaignac ! le vainqueur de juin ! l'assassin du peuple ! celui qui, arrachant sa croix, gagnée dans l'écurie, l'accrochait sur la poitrine d'un petit mobile, en lui disant : Tu l'as bien méritée, tu as tué bien des insurgés ! tu as fait bien des veuves et des orphelins ! Ta tunique est pleine de sang, tes mains sont noires de poudre : viens m'embrasser, toi le défenseur de la propriété ! !

Mais les martyrs tombés laissaient des veuves et des orphelins ; il en reste, et c'est heureux ! Cavaignac est le boucher de la révolution ! c'est lui qui a saigné cette révolution ; c'est l'égorgeur du peuple : aussi, pour sa veuve, pour son fils, pour ses valets, justice, justice, justice !

Le citoyen DUCASSE :

Citoyens,

Aujourd'hui la 6e chambre a jugé les amis Gaillard, Rigault et Peyrouton, et les a condamnés à la prison; quant à M. Horn, il n'a eu qu'une légère amende.

Lorsqu'il viendra me sommer de parler, je le ferai d'une manière impitoyable, avec preuves en main; aujourd'hui, je ne veux rien dire, et c'est ce que je ferai de plus généreux!

Seulement, tandis que l'on a permis à des réunions publiques présidées par M. Horn de traiter la question de l'enfant né hors du mariage, et que Messieurs les avocats, avec la raie sur le milieu de la tête, venaient faire de belles phrases, on a condamné aujourd'hui le citoyen Gaillard, pour avoir dit : que lorsqu'un homme et une femme vivaient honorablement toute leur vie sans se tromper par le mariage, c'était ce que l'on appelait le mariage d'honneur, et que l'enfant naturel devait être mis sur la même ligne que l'enfant légitime !

Quant au citoyen Rigault, il a été condamné à quatre mois de prison par défaut, et voici pourquoi il avait fait défaut :

Savez-vous quel était l'homme qui s'avançait pour défendre notre ami Rigault?

Cet homme, c'était Jules Favre : c'est l'auteur de la loi ! Semblable à l'inquisiteur espagnol qui, après avoir condamné ses victimes au bûcher, venait leur donner les dernières consolations.

Jules Favre était là, et devant la sixième chambre, il arrivait pour donner à sa victime, condamnée en son nom, les consolations suprêmes de son éloquente parole d'académicien.

Le citoyen Rigault a préféré faire défaut que d'être défendu par ce bourreau qui cherchait à consoler sa victime !

Voyez-vous, citoyens, toutes ces condamnations nous sont données pour nous faire perdre nos droit d'électeurs; on veut, par là, empêcher les orateurs des réunions publiques d'exprimer leurs idées dans les réunions électorales.

On a beau faire, si on nous empêche d'entrer dans les réunions électorales, nous irons à la porte pour protester.

Nous serons les vers qui rongent les cadavres, car vous êtes des cadavres ! Nous nous réunirons tous, nous les ennemis d'hier et d'avant-hier, dont les grands-pères ont été assassinés ; les ennemis d'hier, dont les amis de 1848 ont eu la gloire de périr sous les balles des Cavaignac car nous sommes les ennemis implacables des principes despotiques.

Nous sommes ceux qui marchent à l'ennemi vivement, la flamme à la bouche, ayant mieux que des épées tranchantes et des fusils, puisque nous tiendrons d'une main les droits de l'homme, de l'autre la glorieuse devise : Liberté, Egalité, Fraternité !

Le citoyen BUDAILLE :

Citoyens,

Je viens pour vous lire un article que j'ai remarqué dans un sale journal vendu au pouvoir et qui a pour titre *le Pays*. Ce journal dit que Babœuf est mort en protestant contre les doctrines communistes qu'on lui imputait ; cela est signé Cassagnac.

Eh bien ! Casagnac en a menti. Mais on ne discute pas avec de pareilles gens : on les supprime ! Ces gens sont dans le passé, ils n'ont pas marché avec le progrès ; nous, nous sommes en avant : et voilà pourquoi ils ne comprennent pas notre langue et nous ne comprenons pas la leur.

Je veux supprimer l'ordre social tel qu'il est et établir la liberté et l'égalité.

Soyez tranquilles, citoyens, nous arrivons au communisme et nous pourrons bientôt promulguer un Code qui ne sera pas le Code Napoléon, mais le Code du Peuple.

RÉUNION PUBLIQUE DU 3 MARS 1869

SALLE DES FOLIES, A BELLEVILLE

Question à l'ordre du jour : **DROITS & DEVOIRS.**

Le citoyen GAILLARD :

Citoyens,

Dans le temps des sociétés anciennes, les patriciens nourrissaient les esclaves, qui n'avaient d'autres droits que de courber la tête. Aujourd'hui les rôles sont changés. Comprenez bien, citoyens ! nous en sommes, en ce moment, à ce que le devoir du peuple consiste à nourrir les patriciens, et cela après quatre mille ans de lumière !

Mais alors le devoir des patriotes n'est-il pas de nous laisser nos droits ?

Le premier devoir de l'homme est de revendiquer ses droits, même au péril de sa vie.

Lorsque les Romains étaient en république, leur devoir le plus sacré était de conserver cette république ; cependant un homme, loin de faire son devoir, le trahit, son devoir ! Jules César fit tomber la République pour proclamer l'Empire !

Quel était alors le devoir des républicains romains ?

Citoyens, l'histoire l'a appris; les républicains romains avaient juré de ravoir la République : eh bien ! leur devoir fut d'immoler César en plein sénat : c'est ce qui arriva. Honneur à Brutus !

(M. le commissaire de police fait ici un avertissement.)

RÉUNION PUBLIQUE

SALLE DE LA JEUNE GAULE

—

Question à l'ordre du jour : **LUTTE DE L'HOMME DANS LA NATURE.**

—

Le citoyen Pacot :

Citoyens et citoyennes,

Voici bientôt vingt ans que je lutte contre les priviléges qui écrasent le peuple.

Les criminels, c'est la classe jésuitique. Une révolution s'est accomplie en 1789 : nous laisserons-nous encore écraser?

Voyez où nous en sommes : c'est la propriété qui nous écrase.

Puisque l'on dit de respecter la loi, qu'on nous fasse voir comme quoi la loi oblige le locataire à payer d'avance son propriétaire.

Il n'y a que le bourreau qu'on paye d'avance!

Propriétaires ! vous êtes venus à ne plus avoir de confiance en nous, vous nous faites traîner nos meubles de domicile en domicile. Est-ce qu'il y a des lois qui vous autorisent à faire cela ?

Le propriétaire sait que vous avez des meubles, gens du peuple ; et alors il dit : si le locataire ne me paye pas, je l'expulse et je garde ses meubles. Et nous devons souffrir cela? Non, citoyens ; nous sommes en majorité et nous sommes en droit de dire au propriétaire : nous ne voulons plus payer d'avance, et nous ne voulons plus être esclaves de ceux qui ne font rien ; c'est nous qui allons présenter nos fronts aux balles étrangères : nous voulons être maîtres une fois.

Vous avez le capital pour nous écraser ; mais le peuple est souverain, sans la volonté des rois, et les rois ne sont souverains que par la volonté du peuple.

Le citoyen Albert May :

Citoyens,

L'homme est cette partie de la nature qui se meut, qui pense, et non pas un être envoyé de Dieu.

On a inventé des fables qu'on appelle la Bible; on a fait mieux : on a payé de grands naturalistes comme Cuvier pour déclarer que le monde avait été créé en six jours.

On a trouvé que Cuvier avait menti sciemment, voyez les animaux divers qui ont paru sur le globe, étudiez et vous serez assurés que l'homme n'est autre chose qu'un singe ! La religion n'était que le code civil, mais comme les peuples étaient grossiers, on faisait intervenir la divinité.

Le premier législateur c'était Moïse, le second

fut Jésus-Christ; plus tard, il y eut Luther et Calvin.

Je crois que la plus grande lutte de l'homme a été celle qu'il a toujours fait à l'aristocratie, contre ceux qui l'envoyent, par exemple, continuellement dans les armées. Il n'est plus aujourd'hui prêt à aller défendre les despotes qui sont à sa tête.

Il y a aujourd'hui trente-sept millions d'hommes qui travaillent pour un million qui ne fait rien.

Il faut que ces trente-sept millions d'individus disent : Si l'autre million veut vivre, qu'il vienne travailler avec nous.

Il faut absolument nous passer de capitalistes et les forcer à mourir de faim par leur faute.

Le citoyen Clément :

Il fait une comparaison des temps anciens avec celui actuel. En 50, avant Jesus-Christ, Labienus battait les Parisiens au faubourg Saint-Antoine; le 3 décembre 1851, la république y trouvait la mort.

En Grèce, les onvriers étaient esclaves; aujourd'hui les patrons forcent la fille du peuple à se prostituer.

Les enfants nés d'esclaves étaient naguère esclaves. Aujourd'hui l'enfant de l'ouvrier a l'esclavage de la misère.

L'esclave romain avait la tête rasée.

L'esclave a changé de nom, voilà tout, et il semble que 1793, 1830 et 1848, sont déjà des dates lointaines.

L'esclave romain était passible du fouet.

On les exposait aux bêtes féroces : le climat de Cayenne a remplacé avantageusement les bêtes féroces.

Ce sont les bras de l'esclave qui ont mis aux fronts des hommes les couronnes de la royauté.

RÉUNION PUBLIQUE

SALLE DE LA BELLE MOISSONNEUSE

Question à l'ordre du jour :

Le citoyen Bacot :

Citoyens.

Nos pères ont fait une glorieuse révolution en 1789, mais la nation française ne date vraiment pour nous que de 1793

La liberté sortant de son tombeau faisait trembler le monde des cris de sa colère, et jetait pour cartel aux nations une tête de roi.

Pendant dix ans, elle marcha avec une mer de sable et enveloppa tout dans sa haine profonde ; terminant ses jours de deuil et de gloire, elle prit pour linceul un manteau d'empereur !

Paris remplaçant Rome, l'Europe est remplit de la gloire d'un homme qui, plus grand que le monde, planta son étendard sur l'Europe ; mais, aveuglant tout de sa gloire splendide, il plongea un poignard parricide dans le sein de la liberté.

Sous son blanc linceul, la France des Bourbons dormit quinze ans ; puis, plusieurs époques ou le sang est venu seconder un pouvoir qui ne s'est établi qu'en massacrant dans nos villes.

Citoyens, reprenons aujourd'hui notre noble devise : *Vivre en travaillant, mourir en combattant !*

Le citoyen FRUTEL :

L'Europe est sur un terrible volcan : où donc nous conduisent ces guides au sinistre profil ?

Voilà ce que l'Europe se demande. Eh bien, moi, je les suis dans leur marche audacieuse.

Bientôt nous entendrons éclater le tonnerre sur l'univers entier. L'homme au masque noir, avec sa tête mise à prix, l'homme de Caprera aura bientôt uni la liberté à la république universelle.

RÉUNION PUBLIQUE DU 24 MARS 1869

SALLE DU BOULEVARD ROCHECHOUARD

FLOURENS, PRÉSIDENT ; HORN ET PICHON, assesseurs

Le citoyen PELLERIN :

La question à l'ordre du jour est scabreuse; je ne peux guère la toucher sans parler de la municipalité, et sans faire de personnalités.

Cependant, en parlant de la municipalité, par une association d'idées, on voit un autre palais qui s'élève au centre de Paris ; je ne veux pas le nommer, mais il est le véritable point de mire.

Le palais de l'Hôtel de Ville et l'autre ont des

ressemblances frappantes ; leurs hôtes ont certaine analogie, certaine ressemblance que vous montre l'histoire.

L'histoire, d'un côté, nous présente le conventionnel Bailly, Pétion et le traître Louis XVI.

La différence des castes et des rangs qui existaient entre ces trois personnages se trancha sous la hache égalitaire du bourreau.

Et maintenant, citoyens, si un étranger arrivait dans vos murs vous poser cette question : Pourquoi les loyers sont-ils aussi chers ?

Vous n'avez qu'une seule réponse à faire.

La cause de cette chéreté, c'est la construction de ces palais, de ces maisons monumentales, le percement de ces boulevards.

Mais, dira-t-on, ces embellissements ont été faits pour embellir Paris.

Erreur ! les administrateurs ne pensent pas ainsi. Ce qu'ils veulent, c'est détruire tout ce qui rappelle le passé ; ils font tous leurs efforts pour que Paris soit une ville cosmopolite et impériale.

Je m'étonne que ce Paris, qui a chassé, qui a guillotiné les rois, s'appelle aujourd'hui Paris.

Son vrai nom serait Napoléonville.

(M. le commissaire de police avertit le bureau qu'il ne donnera pas un second avertissement.)

Pellerin, d'une voix menaçante : Ah! monsieur le commissaire !...

Le président. — Ne vous adressez pas au commissaire, adressez-vous à l'assemblée et continuez, citoyen : nous vous écoutons.

M. Pellerin. — Citoyens, toutes les fois que le médecin met la main sur la plaie du malade, le malade tressaille.

Vous savez quel est le médecin. Et le malade ?

M. le commissaira de police se lève et, au milieu d'un tumulte épouvantable, prononce, en vertu de l'article 6 de la loi de juin 1868, la dissolution de la réunion.

Des cris, des exclamations injurieuses et menaçantes se font entendre dans toute la salle.

M. le commissaire de police renouvelle sa déclaration, et somme l'assemblée d'avoir à se retirer immédiatement.

Le tapage redouble, le président réclame vivement le silence.

Citoyens, s'écrie-t-il au milieu d'un vacarme épouvantable, moi, votre président, à qui vous avez fait l'honneur de vous représenter, je...

M. le commissaire de police somme de nouveau le bureau et les membres de l'assemblée d'avoir à se retirer.

Le président. — Malgré les paroles que vient de prononcer le représentant de l'autorité, il n'y a que moi qui suis quelque chose ici! Du calme, citoyen! du calme! Nous avons besoin de beaucoup de calme, car ce que nous faisons est sérieux. Les réunions tenues dans cette salle se sont toujours fait remarquer par le plus grand calme.

La salle paraît excitée au plus haut degré.

M. le commissaire de police déclare une dernière fois que la réunion est dissoute, et quitte la salle.

Le président. — Le citoyen commissaire est libre de quitter la salle si cela lui fait plaisir, mais la réunion continue. La parole est au citoyen Pellerin.

Ce dernier continue le discours interrompu, et la salle n'est évacuée qu'après onze heures du soir.

RÉUNION PUBLIQUE DU 22 MARS 1869

SALLE DU JARDIN DE PARIS

Question à l'ordre du jour : **ÉDUCATION & INSTRUCTION**

Le citoyen Fribourg :

Il établit une distinction entre l'instruction qu'on va chercher dans les écoles, et l'éducation qui se fait chez soi dès que l'enfant est conçu et n'est terminée qu'au tombeau.

On parle de sociétés d'enseignement, notamment de celle du quartier des Gobelins ; mais il faut des livres. Où les trouver?

Vous verrez ce que l'on vous enseigne avec ceux d'aujourd'hui.

Vous trouverez qu'on fausse l'éducation de l'enfant en lui donnant à analyser Dieu le pur esprit. L'enfant se creuse la tête, et, au bout de quelques années, il n'en est pas plus avancé.

Quant à l'influence de la propriété et de la famille, qu'est-ce que la propriété? qu'est-ce que la famille?

Un esprit indépendant, dégagé de tout préjugé et sans prévention ne peut se faire une idée nette de ce que c'est.

S'il est juste, continue l'orateur, qu'il y ait des propriétaires; s'il est bon que l'homme fasse la famille, ou qu'il vive individuellement, on cessera alors de se regarder en chiens de fusils.

Il faut que tous tiennent à se rallier autour d'une idée juste.

Si nous regardons ce que c'est que la propriété, nous trouvons que c'est la source de toutes les inégalités; il n'y a pas de monstre qui puisse lui être comparé!

On m'a élevé avec cette idée que ce qui est acquis par un individu, quelle que soit la façon dont il l'a acquis, c'est à lui, il faut le respecter.

Bien plus, il y a des gens qui m'ont dit, que si je voyais des gens arriver aux grandeurs par des parjures, je ne devais pas m'en inquiéter, et que je devais m'en remettre à Dieu pour leur punition.

Dans ces conditions-là, je ne comprends pas qu'il y ait des gendarmes et des tribunaux, si Dieu est chargé de punir.

Il en est de même de la famille : elle se constitue sous l'œil de Dieu ; et du moment que Dieu a décidé un mariage rien ne peut l'empêcher.

Si cela est vrai, il faut donc punir tous ceux qui ne feront par leur devoir dans la famille.

Si c'est Dieu qui est chargé de tout l'édifice humain, toute spoliation est un blasphème.

Je ne vois pas pourquoi on fait des séparations pour adultère, puisque, à l'aide d'un petit éclair, ce serait si facile de foudroyer le délinquant !

Dans cette société qui est basée sur l'instruction, qui vous prie à regarder ces deux faits comme deux faits émanant de la divinité, comment vous voulez concilier cela? Vous désirez sans doute que je vous dise comment remplacer la propriété actuelle, et comment la famille?

Je dirai : Vous êtes plus chatouilleux que celui que vous voulez représenter; car il ne tonne guère quand je dis que ce sont deux énormités.

Si nous voulons trouver des gens qui ont reçu une éducation détestable, convaincus que la force fait la loi; qu'il y a des hommes, par essence, destinés à gouverner les autres aussi par essence, c'est dans la direction de la machine gouvernementale qu'il faut les chercher.

S'il est une éducation mauvaise, ridicule, c'est celle-ci : que certaines classes devraient fournir le luxe de certaines classes qui ne feraient rien.

Ils n'ont jamais fait œuvre que de leur langue et de leur plume pour arriver au but qu'ils avaient à atteindre.

On leur a donné pour éducation qu'une famille pourrait être composée des êtres les plus immoraux, pourvu qu'une bénédiction l'accompagne, et on lui a dit : Quand vous serez bénis par Dieu, vous deviendrez des enfants modèles de toutes les vertus.

S'il y a des gens qui ont une éducation détestable, ce sont bien ces gens-là !!

Comme il faut espérer que demain, ou peut-être, hélas ! dans dix ans, nous aurons une instruction convenable, prenons l'éducation des enfants : faisons-en des hommes nous-mêmes, faisons des femmes de nos femmes.

Continuons à nous défier de tout ce qui est officiel et qui ne peut être discuté.

Il est des jours où l'on croit qu'on doit être en fête, où l'on est dans la joie bon gré, mal gré, bien que la veille le boulanger vous ait présenté une note que vous n'avez pas pu payer.

Eh bien ! le jour où l'on nous conviera à ces fêtes splendides, restons chez nous, et n'allons pas aux fêtes que nous n'avons pas ordonnées :

nous ferons preuve d'une bonne éducation civile.

Il est des jours de tristesse où l'on doit manger peu ou point; eh bien ! ces jours-là, soyons de bonne foi, soyons nous-mêmes, laissons jouer nos enfants, faisons-les manger comme d'habitude!

(M. le commissaire de police avertit l'orateur).

Toutes les fois que nous rencontrerons quelque chose qui est devant nous, si nous ne trouvons pas la légitimité de cet acte ou de cette chose, cet acte doit cesser d'exister, ou cet homme doit cesser les fonctions qu'il exerce.

Si vous aviez lu un petit livre de la Béotie, vous auriez appris que, du jour où on est tous contre un, si fort qu'il soit, il faut qu'il en vienne à se casser la figure ! ! !

(M. le commissaire de police, considérant que le bureau n'a tenu aucun compte de l'avertissement déjà donné, déclare lever la séance, et l'assemblée dissoute.

(Il invite les assistants à se retirer).

RÉSUMÉ D'UN DISCOURS DE MADAME PAUL MINK

A LA REDOUTE, EN JANVIER 1869

Liberté, Egalité : deux termes qui servent de mot d'ordre à deux écoles sociales différentes et même opposées.

La liberté est, on le sait, le grand dada des économistes : liberté des transactions, liberté des banques, c'est-à-dire chaque commerçant pouvant émettre des titres fiduciaires suivant son bon plaisir ; liberté de l'intérêt, etc., etc.

Ce système de liberté illimitée pourrait avoir certains bons côtés, étant donné un milieu social tout autre que celui dans lequel nous luttons en ce moment.

Mais quels seraient, dans l'état actuel de la Société, les résultats de cette liberté sans bornes, dont on fait tant de cas, et qu'on nous prêche à grand renfort de mots sonores et de phrases creuses ?

Ces résultats seraient la compression plus complète encore du prolétaire, l'écrasement plus entier du petit peuple.

En effet, qu'arriverait-il de la liberté de l'intérêt, par exemple ?

Le capitaliste, le spéculateur, le banquier, feraient aux travailleurs des conditions léonines ; ils tiendraient la main haute pour les prêts, les escomptes, etc., et les petits industriels, les besogneux seraient obligés de plier la tête sous les fourches caudines du libre intérêt de l'argent. Il leur faudrait quand même accepter les conditions qui leur seraient faites s'ils voulaient emprunter pour aider au développement de leurs travaux, de leur commerce ; ou bien ils devraient se remettre sous la tutelle des ducs de la monnaie, des marquis de la finance, et les plus mauvais jours de la compression féodale reviendraient au galop.

Et y a-t-il d'asservissement plus grand que celui qui vient pour cause de liberté ? Y a-t-il de pression plus lourde que celle de l'argent ? Y a-t-il enfin de plus avilissant servage que celui que font et que feraient plus encore subir les agioteurs de toutes sortes, les financiers plus ou moins tarés ?

« Mais, dira-t-on, la liberté existant pour tout le monde, chacun aura le droit et la facilité de refuser les conditions qui lui paraîtraient mauvaises; on n'aurait qu'à ne pas emprunter : voilà tout. »

En vérité ! on serait libre de n'avoir pas besoin d'argent ; mais on serait libre aussi, n'est-ce pas ? de ne pas manger, libre de ne pas vivre.

Entendons-nous : dans l'état actuel de la société, — et c'est toujours cette société-là que les économistes envisagent, — les capitaux sont agglomérés dans certaines mains, la richesse est concentrée chez quelques-uns ; le menu fretin, le peuple, n'a pas grands fonds à sa disposition; le capital « outillage social » n'est point à lui ; alors, s'il veut se servir de cet outillage, s'il a besoin de ces capitaux pour aider au développement de telle ou telle industrie pour essayer d'améliorer son sort, il faudra bien qu'il les emprunte, et à qui s'il vous plaît, sinon à ceux qui les possèdent.

Et pour arriver à ce qu'on lui prête un peu de ce capital détenu par quelques-uns, il lui faudra bien subir toutes les conditions qu'on lui fera. Il n'y a pas de sophismes qui tiennent contre cela.

Par cette liberté donc, vous arriverez à l'exploitation sans frein, à une plus grande condensation de la fortune publique dans certaines mains, et, enfin, pour le peuple, à une misère plus atroce, plus hideuse encore que celle dont il souffre en ce moment, et qui le courbe tremblant sous le patron et le jette pantelant et brisé à la merci des spéculateurs de tous genres.

Voilà quels seraient les résultats de cette liberté tant vantée, *pratiquée dans le moment présent*.

La liberté ne pourra être féconde que lorsque l'état social actuel sera changé, lorsqu'il y aura égalité pour la lutte, égalité dans les moyens d'action : sans quoi cette liberté ne signifierait que le droit à la misère pour les uns, le droit à d'abusives richesses pour les autres.

Quant à l'égalité, qui est la base et le but du système communiste, égalité en tout et toujours, égalité laissant de côté la liberté et même la supprimant au profit de la communauté, voyons ce à quoi elle nous amènerait.

Nul plus que moi n'aime et ne veut l'égalité; mais il faut qu'elle ait pour corollaire la liberté, la complète facilité de l'initiative individuelle, l'entier développement de la personne humaine, sinon, je trouverais l'égalité pratiquée, seule une entrave au mouvement ascendant du progrès.

Et que pourrait apporter de forces à la marche en avant de l'humanité, cette égalité jalouse qui courberait toutes les têtes à un même niveau, et empêcherait celui-ci de grandir, celui-là de rester assis ?

Et tout être a droit de s'écrier : « Mais je veux

être libre, moi ; libre de dormir, si cela me fait plaisir, libre de monter sur les plus hautes montagnes et de contempler l'horizon, si cela me plaît; et il ne faut pas que la société puisse venir me dire : « Tu n'iras pas plus loin. »

Et la liberté existerait-elle dans cette organisation communiste où nul ne pourrait rien sans le consentement de tous

Faites que l'homme soit égal au point de départ, donnez-lui l'*égalité des moyens d'action*, et laissez-le ensuite marcher en pleine possession de lui-même : c'est à cette condition seule que le bien est possible.

Nous comptons développer cette théorie plus au long dans divers articles successifs :

« Mais, disent cependant les communistes, vous pourrez faire tout ce que vous voudrez chez vous, la société n'aura rien à y voir. » C'est très bien, mais cela ne me suffit pas : je veux une liberté plus grande que celle se restreignant au foyer domestique ; je veux créer moi-même ma position; je veux d'un bien-être acquis par mes propres soins ; je veux être moi, enfin, un être humain, pensant et agissant, et non un engrenage de la grande machine sociale, qu'elle s'appelle État ou commune.

Mais toujours étant données, nous ne saurions trop y insister, *l'égalité du point de départ*, *l'égalité des moyens d'action*.

Et dans le communisme la liberté extérieure est bel et bien anéantie, quoi qu'en puissent dire ses représentants, puisque la société seule pourra tout.

Les économistes, eux, tuent l'égalité par la liberté; les communistes suppriment la liberté pour l'égalité: le bien n'est, à mon sens, ni ici ni là.

Le grand mot de la rénovation sociale doit être la pondération, l'union de ces deux grands termes : Liberté, Egalité, et, bien entendu, leur pratique intégrale, et non l'exclusion de l'une de ces deux forces au profit, je dirai peut-être au contraire, au *détriment* de l'autre.

Le problème social sera résolu lorsqu'on aura trouvé le moyen de réunir, de fondre ensemble la Liberté et l'Egalité, de les faire se développer parallèlement et l'une par l'autre, et non de les mettre sans cesse en opposition, de les laisser se combattre et presque s'anéantir réciproquement.

Cela est-il donc si difficile ? Nous ne le croyons pas, et c'est ce que nous nous proposons d'étudier dans un prochain article.

PAULE MINK.

Paris. — Imprimerie Towne et Vossen, rue d'Aboukir, 9.

www.ingramcontent.com/pod-product-compliance
Lightning Source LLC
LaVergne TN
LVHW020406230826
846091LV00004B/1161
9782012397569